Gertraud Patterer
DIE SCHUHE SIND MEINE HEIMAT

Gertraud Patterer

Die Schuhe
sind meine Heimat

Osttiroler Miniaturen

VERLAG johannes
heyn

Osttiroler Miniaturen Folge 1

© by Verlag Johannes Heyn
Klagenfurt, 2018
Druck: Christian Theiss GmbH, St. Stefan im Lavanttal
ISBN 978-3-7084-0625-1

INHALTSVERZEICHNIS

Geleitwort 7

Erzählungen 9
  Im Ringlogarten 10
  Maus 18
  Der Geheimplatz 20
  Der Bub 22
  Kinderparty 24
  „Wuff!" 25
  Enzianblau 27
  Gewitter 29
  Merkwürdig 31
  Diego 33
  Frausein 35
  Maussein 36
  Vatersuche 38
  Im Sonnenstrahle 39
  Wehen wie Wollgras 41
  Der Spitzenkragen 43
  Da war einer, ein ganz Kleiner 45
  Rosen-Rosl 47
  Das Begräbnis 48
  Kriminal 50
  Wegwarte 52
  Das Kompliment 54
  Der Tod 56

Die Hahnbalz 58
Hinter der Hagia Sophia 60

Gedichte 63
Mein Schneeherz 64
Aprilnacht 65
Amsel 66
Die Braune 67
Zum Stier fahren 68
Im Walde 69
Regen 70
Reichtum 71
Der Hochstadel 72
Sonne 73
Waldrand 74
Zwei Nussbaumblätter 75
Abendrot 76
Meine Katze 77
Dichtung 78
Die Welt 79
Tod 80
Muttersterben 81
Begräbnislied 82
Die Heiligen Drei Könige 83
Februar 84
Kartoffelfuhre 85

Aphorismen 87

Geleitwort

„Schuhe" sind wichtigste Mittel für „Bewegung" – vorwärts, rückwärts, aufwärts, abwärts und nach allen Seiten. Als „Heimat" gilt normalerweise eine seit Langem vertraute Lebenswelt, ein Ort sozialer Zugehörigkeit, also etwas „Bleibendes". Auf „Heimatliches" ist im Untertitel dieses Werkes auch mit dem Bezug auf „Osttirol" angespielt.

Dass im Haupttitel „Schuhe" mit „Heimat" identifiziert sind, weist also auf den Ausgleich von etwas ursprünglich Gegensätzlichem hin – auf bleibend Bewegendes und auf bewegend Bleibendes. Von solchen Kontrasten sind die hier enthaltenen 25 Erzählungen, 20 Gedichte und 60 Aphorismen vielfach geprägt.

Erzählerische Bewegung entsteht in diesen Texten oftmals durch Gegensätze, einige Male auch durch die „Widersprüchlichkeit" zwischen deutscher Hochsprache und Osttiroler Mundart, die Gertraud Patterer seit ihrer Kindheit beherrscht und auch in zahlreichen Schriften, vor allem auch in ihrer 350 Seiten starken Autobiografie „Heint isch die Sunne zum Boch trinken gong" (2001), literarisch (oft auch lyrisch) eingesetzt hat.

Ein „sprechendes" Beispiel dafür ist die erste Erzählung: „Im Ringlogarten" schildert die Autorin, auch autobiografisch, einen Besuch der elfjährigen „Traudl" und ihrer Großmutter bei ihrer Patin in Innsbruck. In dieser nach außen hin fast „zweisprachigen" Schilderung erweitert sich die Mundart auf die Hochsprache hin und diese erweitert sich zurück, hin auf die Mundart. Nicht nur der Inhalt, sondern auch die weithin klangliche Darstellungsform dieses Textes präsentiert also etwas bewegend Bleibendes (Kindheit, Heimat) und zugleich etwas bleibend Bewegendes (Muttersprache, Hochsprache) – also gleichzeitiges „Schreiten" zurück in eine sprachlich verinnerlichte Vergangenheit und voraus zu einer, auch für uns Lesende, sprachlich spannend sich erneuernden Gegenwart. Rückblicke zur Deutung von Gegenwart und Zukunft erfolgen in den Texten dieses Buches immer wieder.

In den Erzählungen sind oft Kurz-Szenen aus früheren Zeiten, aber auch aus der jüngsten Vergangenheit in „heutige" Perspektive umgesetzt. – Beispiele: „Der Geheimplatz", „Der Bub", „Kinderparty", worin nicht nur die eigene Lebensform, sondern etwa auch das Schicksal von Flüchtlingskindern konkret sichtbar und empfindbar gemacht wird.

Für das erzählende „Ich", in dem zuweilen – nicht immer – die Autorin in ihrem Einst und Jetzt erkennbar ist, sind als „Dialogpartner" fast immer Phänomene der Natur gegenwärtig: Berge, Pflanzen, Tiere, Regen, Sonne, Mond, Sterne und mehr.

Beispiel aus der Erzählung „Enzianblau": „Auftauchen und eintauchen – in einer Sekunde los! Jetzt die Gruppe Enziane da. Die Wiese – ihre Stirnfransen sind gekämmt – als brauner Spiegel. Ich, wie man mit zwölf nur ist, unberührbar schön, die erste Bluse, die enge Schoß an. Stauden zeigen Waden. Eschen Figur. Eichen Kontur. Durchsichtige Waldesseele."

Solche Personifizierungen von Naturgegenständen und auch von Bildern – vor allem Farben – und Tönen der Kunst machen die in den Erzählungen, aber auch in den Gedichten und Aphorismen dargestellte „Welt" grundsätzlich zum Gleichnis. – Beispiel aus einem Gedicht: „Wenn wir zwei Nussbaumblätter sind, / uns räkeln im Wind, […] und jedes beten kann, / wie geschieht uns dann?" Beispiel: der letzte Aphorismus: „Die Sonne sein, auch wenn sie nicht scheint."

Entscheidend für Gehalt und Gestalt dieses Buches sind die darin vorgenommenen Verkürzungen: Außer der ersten überschreitet kaum eine Erzählung die Hälfte oder höchstens zwei Drittel einer Seite. Meistens sind es „Anekdoten" oder – wie die Autorin sie nennt – „Miniaturen". Beide Ausdrücke weisen auf Reduktion sprachlicher Prozesse hin: Auch die Gedichte sind in kurzen Verszeilen und überschaubaren Strophenfolgen geformt, und die Aphorismen auf einen oder höchstens zwei Sätze beschränkt. Schweigen und Stille nehmen zu.

Folge: „Ein Buch hat Schwimmflügel aus Ewigkeit."

Univ.-Prof. Dr. Walter Methlagl

Erzählungen

Im Ringlogarten

Meine Großmutter nimmt mich für eine Woche mit nach Innsbruck, die Gote* besuchen. Meine erste Reise mit elf Jahren. Ich bin in Tracht und laufe hinter ihr her zu dem Fünfuhrzug. Unser Gepäck rauscht vor Speck und Brot. Es geht dahin, der Zug liegt in die Reiden*, ich sehe uns schmeißen*. Großmutter schläft, ich blinzle. Beim Tagwerden walgen* die Häuser vorüber und der Wald wird zur grünen Wurst.

Endlich ist es so weit: Ich stelle meine Füße aufs Innsbrucker Pflaster. Renne der Großmutter nach in die Schwarzmanderkirche.

„Bei jedn Bronzelötta* bleib ma* stiahn* und greif man aun*!", sagt sie.

Hinter der Kirchtüre ist alte Luft, ich mach nur halbe Atemzüge. Aber der Jesus, vom Überboden herab, ist meiner. Die Herzwunde ist nicht zu groß und nicht zu rot. Die Dornenkrone wirft die Dornenschatten über seinen Körper. Die Schwarzen Mander sind so hoch wie die Taxbäume*.

Gote – Patin
Reiden – Kehren
schmeißen – verunfallen
walgen – rollen
Bronzelötta – Statue aus Bronze
ma – mir

Ich möchte hinaufkraxeln und rufe die Großmutter. Die will ins Rundgemälde.

Wann gehen wir endlich zur Gote?, wünsche
ich mir, ich kenn die Schwester meines Groß-
vaters noch nicht.

Es ist weit! In der Klausenerstraße bringen wir
das Gatter nicht auf, beide drücken wir, jetzt rollen uns Ringlo* entgegen, eine gelbe Flut. Wir
zwei haben so einen Durst und trinken sie wie
Wasser. Die Gote erscheint, sie zieht die Großmutter, Platz für die Füße suchend, ins Haus.
Ich knie, liege, Ringlo an meinen Wangen, duf-
tend, kosend. Der Ederplanmond* geht auf, als
läg ich auf dem Dritten Boudn*.

Aufwache ich, in knisternde Leimet verpackt.
Ich begreife: Ich bin in Innsbruck. Die Gote
geht herum, eine Mächtige, Ledige. Ich be-
komme Kaffee und weißes Brot. Die Herrschaft,
ein Ehepaar, bei der sie kocht und wirtschaftet,
frühstückt auf der Terrasse. Sie reden, die Gote
muss mich erklären – ich schau lippenlesend
durch die Fensterscheibe.

----

stiahn – stehen
greif man aun – greifen ihn an
Taxbäume – Fichtenbäume
Ringlo – Pflaumen
Ederplanmond – Mond über dem Ederplan – Berg i. Osttirol
Dritten Boudn – Flurteil am Ederplan

Großmutter ist längst fort. Die Herrschaft fährt zur Arbeit. Bin noch im Unterkittel, die Gote schutzt* mich in den Garten. Es pfnatscht*, es regnet Ringlo. Die muss die Gote alle einmachen. Wieder in der Küche, kriege ich Fleischsuppe. Es trägt die Gote betend Nocke um Nocke ein. Danach zopft* sie mich, stellt sich vor mich hin und sagt: „Traudele, geh nia* in Wold*, do* hend* Löttan*, dej* stecknd* dir soja* Zoig* eichn*".

Ich steh herum als die Gitsche*. Schaue die Herrschaften an – sie binden mir die Stoffmaus vom Geländer. Der Mausschwanz ist geringelt vom langen Angebundensein. Ich nehme sie an und geh, aber: I poussl* niamma*. Klaub* Ringlo in den Unterkittel, stell mich an die Stra-

---

schutzt – schubst
pfnatscht – Geräusch
zopft – flechtet die Haare
nia – nie
Wold – Wald
do – da
hend – sind
Löttan – Männer
dej – die
stecknd – stecken
soja – ihr
Zoig – Geschlechtsteil
eichn – hinein
Gitsche – Mädchen
i poussl niamma – ich spiele nicht mehr
klaub – pflücke

ßenseite, schiebe sie nach der Reihe blub blub durch den Maschendrahtzaun. Passanten nehmen sie gerne und beißen hinein.

Ich juchetz* wie beim Kuhhüten im Schneiderkreit*. Singe und jodel für eine Traube Leute: „Und im Wald draußn da stiahn* halt zwoa* Tannenbam* und a kloans Hüttal* danejbm* und da wohnt halt a bildsaubars* Diandl* drin, koa* schianas* kann's gar nimma gejbm*. Bei der Nacht hat's glacht holareholariti"…

Zurück, zieht mir die Gote den Unterkittel aus, wickelt ihn um einen Riesenholzlöffel und steckt ihn in den großen Laugehafen* auf dem Herd. „Mitewoschn*!", sagt sie. Jetzt steh ich im Pfoatlen* da. Die Gote flickt das Loch in der Tracht und ich ziehe sie wieder an.

---

juchetz – jauchze
Schneiderkreit – Bergwiese in Osttirol
stiahn – stehen
zwoa – zwei
Tannenbam – Tannenbäume
a kloans Hüttal – ein kleines Haus
danejbm – daneben
bildsaubars – sehr schönes
Diandl – Mädchen
koa – kein
schianas – schöneres
gejbm – geben
Laugehafen – darin kochte man die Wäsche
mitewoschn – mitwaschen
Pfoatlen – Hemd

Großmutter kommt, isst und geht wieder. Dieses Mal schleiche ich ihr nach, was tut sie?

In die Kirche geht sie, betet nicht, steht vor den Gemälden, steigt auf die Kirchenbank, beleuchtet sie mit der Batterie. Sie dreht sich zu mir, ich flitze in den Beichtstuhl, da schmeckt's* nach Sünden. Bei de* Gloutn* zieht sie mich aus der Kirche. Wir gehen in den Gastgarten. „Schaug, des Weiwele*!", lacht sie, „und schaug, des Mandl*!", lachen wir, und sie bestellt Schlagrahm mit Zucker und Kaukau. Es kommen zwei braune Türme. Wir essen aus.

Und heute steh ich vor dem Gatter und frage jeden: „Wo ist denn da die Klausenerstraße?" „Ja da, vor dir!", die Leute. Einige schauen in die Luft. Andere zeigen mit dem Finger auf die Straße. Mein erfundenes Spiel.

Und was ich noch habe, Zahnweh. Aber ich brauche nur ein Schweizerkreuzzuckerl auf den Stockzahn legen und es hört auf. Das Ziggale* wird in der Zündholzschachtel gespart.

Nachts geh ich aus und ein, die halbe Weil*. Schau vom Pframbam* aus in die Fenster. Die

---

schmeckt's – riecht es
de – die
Gloutn – Haare
Weiwele – Frau
Mandl – Mann
Ziggale – Zuckerl
Weil – Zeit

Gote trägt Mieder. Ihr Bauch ist darunter gerippt wie das Waschbrett. Die Busen sind breit wie Berge. Keine Unterhose. Ich hab eine! Sie seifigt* sich schneeweiß ein. Tupft Parfejm* hinter die Ohren. Schaut lange in den Spiegel. Und sie huscht beim Gatter hinaus. Beim Herrschaftenfenster hängt ein dicker Vorhang. Alle Kirchturmuhren schlagen zwölfe.

Heimweh leid ich nicht, bei so viel Süße, wie eine fremde Haut, kitzelnd. Ich kann zugleich vier Ringlos in Händen halten, sie ans Gesicht oder auf den Bauch drücken, warm oder kalt, aus Sonne oder Schatten. Ich baue eine Badewanne aus Ringlo und bade schon. Da patzen* mir die weichen Kugeln eins, zwei, drei zwischen die Füße. Und noch eine und jetzt: es feuert – hhhhh – Schritte – ist da wer? Schrecken! Die Essensglocke am Dach läutet.

„Und du bisch* a* a* sou* a schiecha* Frotz*!", schimpft die Gote.

Pframbam – Pflaumenbaum
seifigt – sich einseifen
Parfejm – Parfüm
patzen – das Obst fällt von den Bäumen
bisch - bist
a – auch
a – ein
sou – so
schiecha – böser
Frotz – Fratz

„Wrum* tüesch* du Parfejm aufn*?", ich. Paradiesisch die Goldfenster um uns. „Pass auf, pass lei* auf, du bisch a verheerende Varwandte*!", sie. Zwei Riesentränen fallen ihr heraus und noch zwei.

„Wia woasch* du des, wer woaß des nou* und was isch des? I geh wieda bodn*!", schrei ich.

„Hetz* müessat* i di hauen*! Aba i kenn di woll*!", sie.

Schweinsrippen tischt die Gote auf, mit Zuspeis und Kompott. „Hetz geh ner* in Gortn*!", sagt sie danach.

Heute mache ich den „Laden" an anderer Stelle auf. Gib stundenlang Ringlo. Zwäng die großen durch den Draht. Fast keine fällt hinab, so gern mögen die Innsbrucker die Pfram*.

------

wrum – warum
tüesch – tust
aufn – hinauf
lei – nur
Varwandte – Verwandte
woasch – weißt
nou – noch
bodn – baden
hetz – jetzt
müessat – müsste
hauen – schlagen
woll – wohl
ner – nur
Gortn – Garten
Pfram – Pflaumen

Sie fratscheln* mich aus in Dialekt und Hochsprache. Ich schüttle: Na! Der Zaun ist hoch und oben mit drei Reihen Stupferdraht* gemacht. Hunde und Kinder kommen. Ich bin draufe*! Nicht wenige fragen, wie alt ich bin. „Elfe*", sage ich. „Was kannst du schon?" Ich sage: „Singen." „Was noch?", sie. Ich sage: „Schreiben." „Ö", sie, „was schreibst du?" „Das!", ich. „Was das?", sie. Ich ziehe die Ringloluft ein, sodass sie mir ewig bleibt – und ich sie schlürfen kann wie eine herrliche Suppe.

Die Gote kommt und sagt „Pfiat Gott!" zu den Leuten. Führt mich giatle* wie bei Hochwasser zum Haus. Zeichnet mir Kreuzl* über Kreuzl auf die Stirne. Betet Vaterunser. Ich merke sie mir gut und denke: „Wo hat sie ihre Engelsflügel abgestellt?"

In Lienz holt uns meine Mutter im Zugwaggon ab. Großmutter sagt zu ihr: „Lisl, Lisl, du Ungehorsame, du hasch* uns a lejdiges* Kind bracht*." Das ledige Kind bin ich, die Traudl.

---

fratscheln – ausfragen
Stupferdraht – Stacheldraht
draufe – gut gelaunt
elfe – elf Jahre
giatle – sanft
Kreuzl – Kreuzzeichen
hasch – hast
lejdiges – lediges
bracht – gebracht

Maus

Es fing damit an, dass die Mutter Loretta beim Schreiben ihres ersten Aufsatzes an den Haaren hochhob und schrie: „Mach keinen Fehler, mach keinen Fehler!" Aber ihr schrittweise zu erklären, wie Form und Grammatik funktionieren, das tat sie nicht. So kam es, dass das Kind Loretta sich die Geschichten selbst erzählte. Um sie herum spielten die Nachbarskinder, es prasselte der Regen oder es schneite. Loretta dichtete. Sie genoss ihr eigenes Kino. Und später das richtige Studium.

Jetzt, da ihr Leben schon lang ist – und nicht so schön wie erwartet –, die Frage: Wie geht Literatur? Sie bekniet, beschwört, umarmt den Text auf dem Tisch. Er verrutscht ihr, nimmt falsche Formen und Farben an. Ihre Worte stechen sie wie Wespen, fünf, sechs Mal jede, die Augen schwellen zu. Die Luft wird knapp.

Welche Liebe ist ihr abhandengekommen? Braucht sie Almen, Berge, das Meer, Gott?

„Maus, lass das Schreiben, es ist dir zu stark, immer die Welt neu erfinden und wohin mit der alten?", redet ihr Mann auf sie ein.

„Ich habe nichts", weint sie.

„Dann bist du selber schuld!", sagt er.

In den Schubladen liegen ihre Literaturpreise, gerahmt.

Der Geheimplatz

„Um Mitternacht holt jemand das Kind ab", hat die Frau gesagt, es mir inmitten des brodelnden Flüchtlingsstromes entgegengehalten. Ich habe das Kind, ohne zu denken, ergriffen, bin einfach damit weitergegangen.

Und jetzt? Niemand da? Hier sollte ja die Kindesübergabe sein.

Gibt man denn ein Kind irgendwem? Nimmt man ein Kind einfach so an? Bin ich nicht recht gescheit? Nicht einmal volljährig bin ich.

Kein Mond. Das Bündel auf meinem Arm hat kein Gesicht.

Während des ganzen Weges hast du geschlafen und nicht einmal gewimmert. Leicht wie einen Brotwecken habe ich dich getragen, sanft und behutsam, dich an mich gedrückt, dein Köpfchen an meiner Halsgegend gespürt, dir Geschichten erzählt, vom Rotkäppchen und vom Schneewittchen, habe gesungen: „Fuchs, du hast die Gans gestohlen."

Rußschwarze Nacht. Kein Stern. Ich könnte das Kind nicht einmal heimtragen, selbst wenn ich wollte. Ich habe kein Daheim. Meine Schuhe sind meine Heimat.

Jetzt lege ich dich auf dem Platz nieder. Als legte ich mein Herz ins Gras. Du bist so still und rührst dich nicht. Hat man mir vielleicht

ein totes Kind gegeben? Habe ich etwa ein ster-
bendes Kind getragen?

Ich bleibe hier bei dir! Wir warten auf die
Sonne!

Der Bub

Der Platz ist das Reiseziel. Es gilt ihn zu beleben. Voraus der Fahrer, der Reiseleiter, der Businhalt hinterher, die Schuhe in der Hand, ob es wirklich stimmt, da lag das Kind. Das Unglück ist noch nicht lange her, das Zeitungsfoto ging um die Welt.

Die Crew verständigt sich nonverbal: hart verdientes Brot! Wo die Emotionen hernehmen und nicht stehlen? Nicht nur den Leuten das Geld abnehmen…

Es werden Papierblätter verteilt, worauf der ertrunkene Bub zu sehen ist. Alles starrt auf den Knirps. Abgewandt liegt er, das Gesicht im Sand. Die nassen Kleiderfarben schreien. Seine Waden, wie winzige Spiegel, blenden. Wasser, das gerade als Welle abrann, stockt. Wie klebend an der Welt scheint der Bub, so als wünschte er: Lasst mich so!

Bruder und Mutter verunglückten auch mit dem Flüchtlingsboot. Der Vater lebt in einem anderen Land, das wissen jetzt alle.

An der Tragödie Ursprung zu denken ist müßig.

Der tiefe Blick auf das blaue Meer...

Es wird die Verantwortung für den Buben nicht übernehmen.

Kinderparty

Gestern hielt er die Einladung in Händen. Er bekam sie von ihr, die den Buben heute wieder auslädt. Sie schaut wie der Kirchturm auf ihn, den Wurm, herab. Wie ein Kampf auf Leben und Tod scheint es ihm.

Diego hat einen Kuchen zum Geben, das nützt ihm nichts. Die Nachbarin steht Länge mal Breite vor ihm und erklärt beinhart: „Geh wieder! Du hast afrikanische Wurzeln."

Die Nachbarskinder fliegen wie Schmetterlinge an ihnen vorbei und bei der Haustüre hinein. Gern würde er denen einfach nachlaufen, so ist es ausgemacht, sagt ihm sein winziger Verstand. Aber etwas fesselt ihn an diesen Platz. Keines der beiden geht. Seine Füße lassen sich endlich bewegen, schwer wie Ziegel zieht er sie nach. Jetzt um die Kurve, aus dem Blickfeld, weg ist er. Wind hüllt ihn ein.

Diego traut sich vor Scham nicht heim. Stellt den Kuchen unter einen Baum. Spielt lange am Bach, er weint so laut wie dieser rauscht. „Wer spielt, weint nicht!", sagt er sich. Immer wieder wischt er die Tränen ab, aber Wasser will zu Wasser.

Afrikanische Wurzeln, keine Party, wird er sein ganzes Leben deswegen weinen?

„Wuff!"

Eines schönen Tages war Max wieder da. Max, ein Hund mit Kletten behangen wie mit einem Gepäck. Er lag vor der Kirchentüre. „Max, du musst dich vor die Haustüren hinlegen, dann tragen dir die Leute einen Knödel heraus", sagte der Pfarrer.

Max schlief erst einmal. Seinen Hunger stillte er mit einem Hasen. Die Sonne wärmte seinen Bauch. Jetzt stand er beim Grab. Er hatte damals den Sarg bewacht, ging mit bei der Beerdigung und wusste, wo das Grab seines Herrn war.

Eine Groipe* Speck dem Herrn, eine dem Hund, so war es immer.
Die Grabstatt gepflegt? Wer mochte seinen Herrn noch? Max roch an den Rosen. Parfüm? Er trank den Weihbrunnen aus. Schaute auf den Namen am Grabstein – eins, zwei, drei Buchstaben, Max, wie er.
Mit dem Sackmesser befreite der Priester den Hund von seinen Kletten. Bestäubte ihn mit Wanzenpulver. Goss Milch in das Weihbrunnfass. Schaute, ob niemand käme.
Sonst hätte er ihn gebeten: „Schau her, da, der treue Hund. Nimm ihn auf!"

Groipe – Scheibe

Der Wind kam. Streichelte den Hund, legte ihm den Pelz glatt und schön, zauberte eine Frisur! Fast hätte ihn der Pfarrer genommen – aber die Kirche…

„Wo streunst du, wo wohnst du?", fragte er noch. „Wuff!", antwortete Max.

Enzianblau

Wie ein Schleier fiel der Regen. Das Wintergras bauscht sich auf wie das Federbett. Tunkt ins Bächlein ein. Der Forst knickst. Es spreizen sich die Nadeln. Sonst nichts, kein Kopftuch, kein Hut im weiten Umkreis. Freie Atemzüge sind mir nun nach schwerer Kindheit gewiss. Auftauchen und eintauchen – in einer Sekunde, los! Jetzt die Gruppe Enziane da. Die Wiese – ihre Stirnfransen sind gekämmt – als brauner Spiegel. Ich, wie man mit zwölf nur ist, unberührbar schön, die erste Bluse, die enge Schoß an. Stauden zeigen Waden. Eschen Figur. Eichen Kontur. Durchsichtige Waldesseele. Es riecht noch nach Schnee. Verzauberte Zeit, herausgenommene, an den Berg gelehnte, von mir, von der, aus dem Dorfe Dölsach.

Ich bin der Strich da, der zu grobe, der nicht mehr auszuradierende, dem Maler, und wär's Gott, Runzeln bereitende. Will ich im Bild Gewalt? Vertrage ich nicht die roten Berge des Morgens und Abends? Das mit Stolz gezogene Tal?

Was sah ich schon in meinem Alter? Wie es den Außenseiter-Menschen ergeht. Terror! Sie bestimmen den Weltfrieden!

Ich floh in den Wald, komme auf eine Wiese,
sinke hin und weine beim Enzianblau.
Regentränen füllen die Kelche. Ich beuge mich
und meine strömen dazu.

Gewitter

Die Alm ist wie unter Glas. Schwüle. Noch nie gesehener so schwarzer Himmel. Rot schimmert es aus den Wolken. Gelb wartet der Hagel. Und die Welt auf Schläge. Gewalt, Schwefelgeruch, Luzifer, Satan und Teufel geben sich die Ehre. Stille ums Almkreuz. Wartend das Vieh.
Ich betrete die Felsenschlucht. Es stößt mich, so wie der Fuchs Maus um Maus frisst und dem Land Kirche um Kirche aufgebrummt ist.
Blitze reden. Donner heben mich fast vom Steig, lassen den Berg rieseln. Aus der Tiefe raucht es.

Als eine Betäubung empfinde ich's. Endlich feuert und knallt ein anderer. Es rastet meine Seele.

Ich suche jedes Gewitter auf um meines Herzens Frieden.

Harte Tropfen klatschen. Ergiebige Schalen kalten Wassers. Schauerkugeln. Der ungebrochene Guss vom Himmel. Ich biete mein Gesicht an. Die Lider halten nicht stand. An was anderes zu denken, als da sind schon Kühe ertrunken, geht nicht.

Meine Füße treten fehl. Warum gehen lernen, wenn man es dann nicht darf? Wenn andere ihre ungeliebten Taten so behandeln wie ich meine? Die Versuchung – und wär's der Tod – sie haftet den Menschen an.

Wasser stößt an mich, umrundet mich, schwappt von oben wider, hebt mich auf, trägt mich als Schaum und setzt mich dort ab, wo ich büßen muss.

Merkwürdig

Gerlinde reden gerade fremde Leute an. „Hallo, darf ich Sie fragen, sind Sie nicht die Schwester von Andi Moser? Ihr Bruder ist der beste Radrennfahrer des Landes." „Das bin ich", antwortet sie.

Warm wird es ihr ums Herz, denn bis jetzt hat sie noch niemand darauf angeredet – und nun diese Aufmerksamkeit. Eine fremde Hand ist auf ihrer Schulter, Gerlinde nickt wieder. „Ja, ich bin die Schwester", sagt sie. Und sie schaut in die sprühenden Augen ihres Gegenübers, wie Sternspritzer. Sieht Zahnreihen, das Zäpfchen. Merkwürdig.

Man hilft ihr sogar den Einkaufskorb tragen. Neben ihr tiefstes Grölen. Höllentöne. Wie es die Kehlen, die Stimmbänder und Lungen nur zusammenbringen. Es sind herausquetschende arme Seelen.

Gestern war noch nichts – und heute?

„Ist mein Bruder gestürzt? Hat er im Lotto gewonnen?", forscht sie.

Eine dunkle Ecke finden, das Herz ausklopfen lassen.

Die Kassiererin, für solche Szenarien geeicht, will die treue Kundschaft behalten und beißt sich von innen in ihre Wangen. Gerlinde liest es.

Sie schwitzt: Mein Bruder hat schon den Krebs besiegt, ich musste Monate um ihn zittern. Daheim beim Entnehmen der Zeitung aus dem Postkasten hat sie noch drei leidliche Minuten. Dann sieht sie einen weinenden Andi auf dem Titelblatt und die Überschrift: Doping.

Diego

„Und wie heißt du?", fragt er. „Diego", sagt der Knirps. Zwei wird er wohl schon sein.

Es rutscht sein Pulli einige Zentimeter zur Seite und da ist die Haut blau. Der angehende Priester spürt den Stich in seinem Herzen. Mit Herzstichen macht er seine Erkenntnisse.

Ein gleißender Sonnenregen aus goldenen Haaren fällt dem Bübchen über die Augen. Kein Blickkontakt mehr. „Diego, hast du Mama und Papa lieb?", fragt er ihn. Der bleibt stumm. Er kann nur seinen Namen sagen. An der anderen Schulter rutscht ihm wie verhext der Pulli fort. Darunter ist er blau, wie blauer Stoff, so blau.

Oft sieht der angehende Priester den kleinen Buben unterm Nussbaum stehen, der in Sonne, Laub und Wind gewickelt wartet, bis die Schmerzen vergehen und er wieder zurück kann. Der Primiziant denkt laut: „Barmherzigkeit! Erziehung funktioniert besser mit nur guten Worten, nur mit linden Händen."

Schon bald ist Primiz. Ein scheidender Blick zum Himmel – und ausgesprochen wird es: „Keine heiligen Fesseln – Privatmann sein! Freiheit brauche ich!

Ich muss laufen können über die Dächer, ein-steigen in Fenster, hausen in Kellern, um in die Familien zu kommen als einer von ihnen. Zu lehren, wie man richtig – Kinder erzieht. Ein neuer Beruf für mich! Viele mir nach!"

Frausein

Da kam es wieder, dieses besondere Gefühl. Leicht werdend, als nähme man mir den Rucksack ab. Die Schuhe sind mir abgestreift. Ketten, Ringe bin ich los. Die Uhr. Mein ewig erprobtes Leben jetzt in seinem Atem, wie die Vogelfeder aufwärts fliegend.

Kein schweres Gedärm. Die plumpe Lunge leicht. Die Leber flach. Die Milz platt. Das Herz der Hoppel-Hase, der gegen die Rippen trommelt.

Er zeigt mir was in seiner Hand, ich sehe nichts. Es hebt mich auf, ich stehe nicht. Sein Mund redet, ich höre nicht. Hole Luft mit einem Knall aus dem All. Als fiele ein harziger Zapfen aufs Autodach. Die Sonne wühlt Gold aus ihrem Korb. Mein Gesicht brennt, bei eisigem Tag, wie Öl auf der überhitzten Herdplatte.

Es zerknittert seine seidige Haut zu einem Lächeln. Seine Wangen und Lippen erzählen. Sein Märchen klingt gut! Die blaue Schallwand, als mauere der Himmel uns zwei ein.

Mein Hals hustet. Ich wehre mich, will weg und bin lahm. Ich kenne ihn nicht. Bin nicht verliebt in ihn. Am Spazierweg einer in grauen oder braunen Hosen. Mit Hut oder ohne, unterwegs. Welche Heimat sucht er?

Da war es wieder, dieses besondere Gefühl.

Maussein

Ich sah mich neugierig um als Maus. Maus muss man erst einmal sein! Jetzt sprinte ich. Umrunde den Roggen. Der Acker kocht vor Kraft. Es strotzen die Ähren, sie knistern ihre Lebensmelodie. Ich tanze mit den Halmen.

Weitere Mäuse erschrecken vor mir, als hätten sie noch nie eine Maus gesehen. Ich geselle mich zum Igel – Stacheln sind ehrlicher als Fell…

Weiter! Dorf oder Wald? Der Kirchturm, wie ein Glühwurm, ist der Kompass. Blaue Nacht. Die Balkone von Blumen vornüber gebeugt. Trinkgelegenheiten, Birnbäume zum Auf- und Absteigen für eine Maus. Fressgelegenheiten, Heustöcke, umrundet von Riegeln fetten Grassamens. Ich lege meinen Schwanz darüber. Es verkriecht sich alles vor mir, so mächtig bin ich, die Maus. Der Mensch – Kriege unterschreibt er. Beim Anblick der Maus springt er auf den Stuhl.

Im Stall erntet mein Maussein glänzende Kuhaugen. Ich stolziere, werde aber nicht frech.

Auf den Simsen im Monde sind meine Schnurrhaare ein Silbersee, ich schwimme und tauche. In den Zimmern knarzen die Betten gegen das Aussterben. Das Maus-Aus gibt es nicht. Über Meere und Gletscher geht es mit rosa Pfoten.

Im Geranienrausch frage ich Gott, ob mir wohl nicht zu viel Gutes zuteil ist? „Aber nein!", sagt er. „Könnte ich Neid erregen?", ich. „Egal!", er. Das vergoldet meinen Schnauz!

Vatersuche

Nach langer Erdenreise im Himmel angekommen. Meine Mutter steht da, jung. Ich noch klein, auf ihrem Rücken, hervorlugend. Ich steige ab. Da stehen ordentliche Männer. Ihre Schuhabsätze sind gerade, kein Knopf fehlt, Krawatten, die Hüte nicht speckig. Sie lachen mich an. Ich schaue allen gleich. Wir verneigen uns voreinander.

Das Volk außen herum, Engel am Rande, dreifacher goldener Gott, silberne Madonna, bronzene Heilige. Ich trete vor Gott hin: „Wer ist mein Vater?" Gottesmund geht auf und wieder zu, ohne den Namen zu verraten. Ich führe Gott bei der Hand zu den Männern. Da stehen wir und starren auf ihre Lippen. „Ich will mit meinen Eltern aufwachsen, in ihrer Mitte gehen und dass sie mich an den Händen führen!", sage ich. Sonne, Mond und Sterne, Himmelblau. Kein Sandhaufen, kein Kuchen, kein Tee, keine Eltern.

Müde lehne ich am Baum. Jetzt singt die Nachtigall. Meine Tränen rinnen alle zugleich wie der Wasserfall.

Im Sonnenstrahle

Heute stehe ich wieder am Fenster, um der Sonne den ersten Strahl abzunehmen, mit den Händen, den Schenkeln, Waden, Wangen, der Stirne, bevor sie ihn in den Nussbaum steckt.
Mein Gesicht bricht fast durch die Scheibe. Die Nacht schlägt den Tag wie eine Trommlerin. Wolkenmühlen mahlen die Sterne zu Staub. Man meldete Regen.
Weil die Uhrzeiger verschwimmen, das Augenwischen nur verschlimmert, der Rücken wie ohne Grat ist, die Knie nicht strammstehen, der Kreislauf schwächelt. Jahrzehnte war das nicht so, jetzt aber –.
Um alles mühen sich meine Sekretäre, Rechtsanwälte, Hausknechte, um die Sonnenaufgänge ich mich selber. Die Träume verkürzen. Im Handumdrehen aufstehen. Für nichts anderes einen Blick haben.
Ich will mein Sonnewarten heimlich halten. Doch hinter den Stores spähen die Nachbarn. Wird es gewusst oder nicht? Bin ich für sie die Spinnerin? Was vermutet man, was ich erwarte, anstatt der Sonne?
Die Lichtexplosion hinterm bodenlangen Fenster, andere haben nur ein Giggale*.

Giggale – winziges Fenster

Ich reiße meine Augen ins Gold, auch wenn Tränen fließen. Es spielt sich was ab, da wo die Seele wohnt…

Weil mir in meiner ersten Lebensstunde die Sonne anstatt meiner Mutter ins Gesicht blickte. Mich legten sie, während Mutter starb, in den Erker.

Wehen wie Wollgras

Das erste Haar auf meinem „Schmetterling" ist da. Mich jucken die Brüste, obwohl sie noch nicht da sind.

Ich flechte meine Zöpfe auf.

Geh in Bergschuhen. Ich schlecke vom Grün.

Aufgetischter Huflattich. Leberblümchen strahlen. Eis blitzt wie Besteck.

Leicht wie Rauch steige ich höher.

Krokusweiß unterschwemmt die Lärchen.

Unten staubt es nach der Schneeschmelze. Es zerreißt die Gegend wie Pergamentpapier in Häuserzeilen. Steinwürfe. Scherben. Neid und Verleumdung sind Werte. Solche Werte? Anstatt sie wie giftigen Schaum von seinem Munde abzustreifen.

Ich messe unterwegs mit dem Taschenspiegel Brust und Scham.

Ich ließe mich nicht verführen, nur in größter Not.

Weiß wohl, wie es Müttern geht, so wie meiner Mutter und einem Kind wie mir.

Laufe aufwärts. Der Wind fasst mich um die Mitte. Wehen wie Wollgras, Huiauf, welches noch lange nicht blüht und dann den Almsee zur Weltbühne kürt.

Ich jodle hinaus. Bergfinken und Dohlen lauschen.

Die Märzsonne brennt mich als Backfisch, die Oktobersonne dann als alte Frau.

Osttirol und Kärnten – Heimat, ich habe Sehnsucht und frage dich: „Was kriege ich, da ich nun groß bin, Variationen der Kindheit? Nichts Neues?"

Aufgeblüht bin ich als Veilchen.

Leicht rutsche ich aus – und bin eine Rose.

Der Spitzenkragen

„Was muss ich nach unten hin anziehen, wenn ich diesen knorrig gelben Spitzenkragen trage?", denke ich, klein noch und schon gschaftig*. Er liegt vor mir, ich greife ihn an, lege ihn mir endlich um den Hals, schaue in die Fensterscheibe und sehe mich wie den blühenden Zwetschkenbaum.

Der Kragen gehört der Wiene*, einer Alten in unserem Haus. Und die ist sehr streng. Lebt in der dunklen Holzkammer mit Herd, Tisch, Stuhl und hat den Spitzenkragen, besitzt ihn ganz.

Wenn sie nur nicht heimkommt! Ich verzweifle fast, will aber den Kragen einmal eine Stunde lang tragen. „Garten, wehre sie ab!", bete ich. „Reiß einen Graben auf. Der Kragen will mich!" Da kommt sie, sieht mich sofort. Was jetzt folgt, erzähle ich nicht. Sie hat Hände wie Schaufeln. Im Dorf redet man laut und lange über meinen Fehler. Und zu mir: „Warum wartest du nicht, bis du im Spitzenkragenalter bist? Jetzt hast du alles verpatzt."

gschaftig – eitel
Wiene – Sabine

Beim Wienesterben hebt sie mir den Kragen her. Ich trage ihn über dem Gewand zur Sonntagsmesse. Bin es endlich, was ich sein will.

In den Kirchleuteaugen kann man's lesen: Wie sie mir den Spitzenkragen heute wieder abnehmen.

Da war einer, ein ganz Kleiner

Er schaute nach unten über Mutters Schulter, wie die Perlen auf dem Stubenboden zerstieben, als wollten sie über die Wände hinauf, darüber und hinab, wie später Menschen – und hinaus… Er hatte mit einem Ruck, als wollte er die Mutter stürmisch umarmen, ihre Perlenkette zerrissen.

Das war einer, ein ganz Kleiner, so wie wir alle einmal waren, nein – anders. Hielt eine Bergspitze und einen Flieger im Händchen, drehte die Fingerlein und es wurde Sand daraus.

Mutters Brosche glühte das Bübchen mit dem Feuerzeug, bis es Feuerwerk hatte. Es klopfte auf dem Dengelstock mit dem Dengelhammer den Ameisen die Haxen ab. Der winzige Mann und der schwere Hammer und Schwung und Druck und pure Lust. Mutters Augen sahen – und sie sahen nicht… Mutters Ohrringe waren ausgerissen und weit ausgeschmissen bei jedem Hochheben des Knirpses. Sie suchen, wieder einsetzen – ihre Ohrläppchen sotten*. Sein Griff auf ihre Nase um das Augenglas – geschmissen und nicht kaputt, das waren seine Spielarten.

---

sotten – kochten

Vater verdrosch ihn, keine Goldwaage im Haus, aber wieder zu viel. Bübchens Intelligenz verschob sich um einen Millimeter ins Un-Heil.

Und so ist er gewachsen – wir wissen es alle zu genau! Der Mann dachte mit Händen und Füßen… Rettung vor ihm ist heute noch nicht.

Rosen-Rosl

Er steht – auf der Waage – an ihrem Grabe. Was hatte sie für Rosen-Wandteppiche hervorgebracht! Jetzt liegen Rosen auf ihrem Sarg. Sechzig Ehejahre – jährlich stickte sie einen neuen, der alte hängt bei Nachbarn, das ganze Dorf ist bedient damit… Denn sie kam mit einer Rede: Dass der Teppich zu hängen habe, er ein Geschenk sondergleichen sei. Der Gugelhupf und die Nägel für die Wand dabei. Doch einige Junge wehrten ab, aber die Rosl hängte ein, klopfte auf die Schulter, schaute in die Augen, erzählte Brisantes von sich und anderen, bis der Teppich hing. Bei allen Türen hinein erblühen ihre Rosen. So wurde sie die Rosen-Rosl, der Titel war ihrer. Wenn er schimpfte, hieß es: „Und du bist Schriftsteller, bist auch in den Wohnungen und der Bauer mit der Milch, der Bäcker mit Brot, die Politik mit Krieg, ich mit Rosen." Er hatte seine Clubs, die Vereine, Kumpel. Und – ja und! Sie griff zur Nadel, bohrte durch das Nadelöhr den Faden, fand gutes Licht, stickte, bis es fast Reliefs wurden: faustdicke Rosenköpfe. Rosl war so dankbar für die Gottesgabe Sticken, die Begegnungen mit den Leuten, die Freude. Jetzt verschwindet der Wandschmuck überall. Bis auf seinen.

Das Begräbnis

Er entkommt dem Pulk von Begräbnisleuten, läuft zum Grab wie ein Kind zum Sandkasten, fällt fast hinunter. Die Begräbnisgesellschaft schreit. Seit ewigen Zeiten nicht mehr. Gespannt wie die Pfeilbögen, treffend jeder Pfeilblick und vergiftet. Alle wissen um seine weiße Leber. Dem Witwer den Schubs zu geben ins Grab, fiele leicht. Diese Ehe steht da als kirchenwandgroßes Schandplakat.

Roswitha erkannte die Pein nicht, die sie ihm bereitete… Sie stand zur Wand, wenn er seine Lieben herausklaubte vom Dachboden, Keller, Gartenhaus, Kasten, Ehebett. Bei ihr stand der Mord an – für ihr Mehlgesicht.

Ihr Tod ist eingetreten. Februar-Sonnenstrahlen für den Gequälten. Bis die dumme Amsel singt der lieben Toten, an seinem großen Tag. Laut, bis zum Zerspringen mit einer Stimme, die alle Tränen, auch die seinen, auf den Weg schickt. Die berstende Federfrau vor Augen, ihre rosa Zunge, die gelben Lippen.

Jeder hat den Winter wie einen Koloss auf der Brust. Bei Beerdigungen rührt sich nichts… Alles ist daheim mit den Sorgen. Heute nicht, Weinen bei der Roswitha, ihrer diamantenen Liebe zu ihrem Mann.

Sie, seinen Fingern entwunden, schwankt er.
Die Menge spreizt* ihn, sie sprisselt* ihn als den
Kuhfuß grauab*.

---

spreizt – stützt
*sprisselt – einen gebrochenen Tierfuß mit Holzspänen, dann
mit Leinenbinden umwinden, um eine Heilung zu erzielen
grauab – ein gebrochener Kuhfuß*

Kriminal

Der Wagen hielt vor einem verlassenen Haus, das verstaubt ist wie die Weinflaschen von Neunzehnhunderteins. Der Fahrer des Taunus war im Leerlauf angerollt.

Mit Ruten schlägt die Birke um sich. Die Mondscheibe bricht durch Gottes Schlag. Es rinnt ihr Licht aus wie der Kuh die Milch. Weiß. Über Fenstersimse, die eher Tränensäcke sind. Die Leute grüßen das alte Haus… Fliehende beziehen es und das Fensterglas klirrt wie die geschüttelte Schmuckschatulle.

Aus dem Autofensterspalt qualmt geräuchtes Leben. Niemand steigt aus und kehrt ein. Haus und Auto stehen wie für den längsten Schlaf. Das Tor ist ein Floß. Das Sträßlein stopfnadelschmal eingewachsen. Luft klatscht auf Wagen- und Hausdach. Kalte Kriege im Rund. Und noch eine solche Stunde. Da bumsen die Türen. Das Haustor wird ausgehoben, niedergelegt und man legt sich darauf. Verbrecher?

Zufällige – des Weges gewürfelte – gräden* ihre Rücken auf dem Floß. Sterne wie Gold finden. Luxusmärznacht!

---

gräden – gerade biegen

Jetzt kracht es, als haue die Weinflasche mit dem Stöpsel ab. Katzen springen in alle Richtungen. Grob fällt der Putz.

Die Hausnummer verlischt. Einer bleibt liegen – sein letzter Atemzug und er ist daheim.

Die anderen machen den Kreis. Wer bläst dem Colt ins Loch? Die mitgebrachte Schaufel macht sich daran, jedem seinen Teil Arbeit und Schuld zu geben.

Wegwarte

Als junges Mädchen arbeitete ich in einer Groß-
küche. Viele solche Teenager wie ich flatterten
wie die Schmetterlinge um Pfannen und Töpfe.
Jeden Morgen war Karneval – grell geschminkt
kamen wir in die Küche. Hochtoupierte Haare,
sodass die Hauben wie Schwalbennester dro-
ben pickten. Und jede die Schönere war! Doch
die Hauptköchin, behauptete die Osttirolerin,
sei die Schönste. Ich glaubte es gern, wie man
halt ist.
Die Schmetterlingsflut ging jeden Abend aus…
Ich blieb wie ein altes Weiblein daheim bei den
Zimmerwänden. Gasthaus und das Schmusen
auf Parkbänken interessierten mich nicht. Ich
war morgens frisch. Die Kolleginnen schliefen
über ihrer Arbeit ein. Sie wurden wirkungslos
gebeten, unter dem Speichelsprühregen der Alt-
köchin, einer Ledigen, doch nicht so leichtgläu-
big zu sein. „Die schönen Gitschn, wie Weg-
warteblumen, lila", jammerte sie. Die Mädchen
hatten auf ihrem Kasten eine Riesenschachtel
mit Babysachen stehen. Kam ein Kind, kam die
Schachtel mit dem Kind ins Heim. Nach eini-
gen Wochen waren alle Mädls wieder da, samt
Babywäscheschachtel…
Ich heiratete einen Osttiroler, bekam Familie.
Erwallfahrtet.

Und heute der Anruf: „Hallo, ist da die Gertraud?"

„Ja! Und wer ist dort?"

„Die Ulli."

Wir redeten eine Stunde. Ulli zählte mir alle unsere damaligen Küchenmädchen auf, ich erinnerte mich an jede, und das nach fünfzig Jahren. Jede hatte geheiratet – ein Haus gebaut – und Kinder bekommen.

Das Kompliment

„Gratuliere, jetzt hast du es schon wieder geschafft, ich erkenn es an deinem Grinsen!", fauchte ihr Ehemann, der sie vom Zug abholte, ihr um den Hals fuhr, sie an den Nackenhaaren festhielt, vor den aussteigenden Zugfahrern. Sein Blick – es ist aus, spürte sie.

Seit Wochen fuhr sie von Lienz nach Klagenfurt. Bei diesen Fahrten staffierte sie jede ihrer Lebenssekunden prall aus – um ihre Sammlung zu vergrößern. Setzte sich neben einen Mann und begann ein Gespräch. Bis sich seine Augen zu ihr bogen, dauerte es heute. Die Drau bäumte sich auf, züngelte herein in grüner Berauschung, verschlang beide. Eilig fragte sie ihn, denn er konnte ja bei jeder Station aussteigen: „Sind Sie verheiratet?" Seine Augenfarbe wurde dunkel. „Ich bin Witwer, meine Frau klagte am 1. Dezember über Herzweh, wollte aber erst nach Weihnachten zum Arzt und am 17. lag sie tot im Haus." Es folgten Anstandssekunden, bis es weiterglitt. Das Drauwasser wurde glutrot. Flora spreizte die Schenkel mit einem Ruck. Der Mann schnappte nach Luft.

„Du bist eine fesche Frau", sagte er. Sie saß wieder sittsam. Sah, dass er nett ist.

Sie schlief und merkte nicht, dass die Sonne einging, die Drau smaragdgrün wurde und er ausgestiegen war.

Am Lienzer Bahnhof dann: Der Gatte konnte es nicht wissen – ahnte es aber. Getrennt lief man heim. Ihre Bitten: „Leon, Leon, sei wieder gut!", sind heute noch, nach so vielen Jahren, zu hören.

Der Tod

Ich fürchte mich vor ihm, er tritt aus dem Laub und schüttelt sein Gebein, wie der Steinadler die Federn. Putzt sich die Zähne beim Bach mit Asche. Er schmiert sich Schmalz auf den Schädel. Geht im Marschschritt in Hotpants, im Mini, im Bikini. Isst den ganzen Vormittag und nimmt nicht zu. Frisst meine Erdbeeren von der Staude. Redet mit meinen Nachbarn – schwatzt Kinder an – versaut mir den Ausblick aus meinem Fenster.

Ich habe Ferien und bin nur daheim. Will mir Knödel kochen und es geht nicht. Soll Ball gehen bei schwankendem Tanzboden. Dort dann, ohne Stuhl und mit keinem Tisch: stehen. Die anderen zwischen den Wimpern – wie ich einst unsere Freundschaften geschlagen habe.

Hatte Verwandte… Will Hoffnung und die verlässt mich. Flehe zum Himmel mit tausend Augen, ohne Widerblick. Bete alle meine Kindergebete laut. Dem Kreuz meine Blumen! Schau mir die Schuhschachtel voll Fotos an, so viele mit mir – in Waben aus Liebe. Meine Mutter mit Herzmund und immerwährender Perlenkette. Ja, wenn Menschen Menschen vergasen.

Ich geh über den Leitersteig des Berges Hochstadel. Jauchze! Des Todes Sense schneidet ein.
Blauer Tag, Edelweiß und Enzian, Murmeltiere
pfeifen, tiefgrünes Gras.

Es ist nicht Finsternis, ich lüge nicht, ich bin
dort.

Die Hahnbalz

Zwei junge Jäger sitzen beim Tisch in der Mittleren Hütte, die am Weg zum Ederplan* liegt. Der Schnaps scheint durch die Flasche wie der Bergbach. „Zwejschpmpregla*, der rinnt öchn*!", schwärmen beide. Die Britsche* wartet laare* auf die zwei. Zu jung fürs Schwert in ihrem Herzen. Die Bräute im Tal.
Ein Stern schliaft* beim Giggale* herein.
„Margn* gehn ma* aufn Hauhne*!", freuen sie sich und rollen die Gewehrkugel einander zu...
„Schiaß du!", meint der eine.
„Na du!", verlangt der andere.
Die weißn, schwarzn, krumpm* Spielhauhnfedan* in Aussicht, warten jetzt beide am Sölldale*.

Ederplan – Hausberg von Dölsach
Zwejschpmpregla – Zwetschkenschnaps
öchn – hinunter
Britsche – Bett
laare – umsonst
schliaft – zwängt sich durch
Giggale – kleines Fenster
margn – morgen
ma – wir
Hauhne – Spielhahn
krumpm – gebogenen
Spielhauhnfedan – Spielhahnenfedern
Sölldale – Balkon

Vollmond. Die Ziethe* vor der Nase. Spiegelnd die Lienzer Dolomiten von der anderen Talseite. Bald nach Mitternacht und wie bei Tage gehen die Weidmänner eben* hinüber in die Kofler Wugge*, dem alten Hahnbalzplatz. Der Schnee macht Wellen oder der Schnaps. Die Lärchen heben von der Weite* den Hahn her.

Er schwebt herab. Und ein zweiter. Ihre Rosen glimmen. Wie Schluckauf erklingen die Balzrufe. Sie grudlend*. Sie tönznd*. Raureifwolken steigen auf.

Der Schuss fällt.

Das erste Jagdglück wird an Ort und Stelle gefeiert…

Morgens findet man im Schnee die zwei Jäger wohlauf. Aber keinen Hahn.

———

Ziethe – Berg
eben – waagrecht
Kofler Wugge – Almgebiet am Ederplan
Weite – Entfernung
grudlend – Balzrufe
tönznd – tanzen

Hinter der Hagia Sophia

Einer dieser Zimmeranbieter hinter der Hagia Sophia ist ein Motel. Lang und niedrig ist der Bau, Tür an Tür, Doppelbettzimmer mit Blick hinaus ins Gras, auf die Maisfelder, die Kartoffeläcker.

Der Betreiber stellt jedem neuen Paar ein Einmachglas mit Feldblumen aufs Nachtkästchen. Dicke, grüne Stängel mit Blüten der Saison im perlenden Wasser, dahinter eine Lampe ohne Schirm.

Das haben die Gäste gerne.

Und es gibt gebügeltes Bettzeug, nicht nur durch die Mangel getriebenes, wie auf Almhütten. Der Linoleumboden ist voller Zigarettenlöcher.

Steht der Motelbesitzer auf einem, bräuchte er dennoch zwanzig Paar Schuhe, um das hässliche Muster zu verbergen.

Die Plafondlampen schwanken im dauernden Luftzug.

Die Vorhänge darf man nicht auf- und zuziehen, so zerschlissen wie sie sind. Sie würden sonst zerfallen.

Am Abend knipst man das Licht aus.

Das erste Motelzimmer ist Büro und zugleich Wohnung für den Mann, der rund um die Uhr Wäscheberge verschiebt, wie ein weißer Schmetterling.

Mit dabei ist sein Schlaf, als wenn's der ewige wäre. Seine Augen versinken während des Gehens. Die Wäsche landet aber unangeklopft richtig.

Abreisende legen das genaue Geld hin. Kommende beziehen ein Zimmer. Ohne ihn.

Nicht das Motel, nicht seine eigene Familie machen den Mann müde…

Gedichte

Mein Schneeherz

Mein Schneeherz hängt
als Kinderlatz am Zaun,
die Sonne knöpft es ab
und tut es zur Wäsche.

Aprilnacht

Die Schwärze im Fensterglas
kippt die Blütenpracht draußen.
Ich reiße die Glastür auf,
lehne mich über den Balkon,
die Augen nach oben.
Der Tuschehimmel tröstet
mit einem blanken Stern.

Amsel

Die Amsel kehrt zurück
zu mir, singt tirili.
Die, der ich Atemwärme gab
beim letzten Schneefall,
frag nicht wie.

Die Braune

Die Braune wusste, wann es schneite.
Das Stallfenster wurde zur Leinwand.
Wie Wolken groß fielen die Flocken.
Zusammen hatten wir jetzt Kino.
Und ich erzählte ihr Geschichten,
so lange, bis wir beide weinten.

Zum Stier fahren

Als Kind fuhr ich mit der Kuh zum Stier.
Sie tänzelte an Ort und Stelle,
stand still bald mit dem Kopf zur Wand.
Der Stier schritt aus dem Stall gewichtig,
stieg auf in seiner vollen Größe,
sie aber machte keinen Mucks.
Doch als er ging,
da schaute sie ihm nach.

Im Walde

Immer tiefer in den Wald!
Steig über Wurzeln ab.
Das baut dir Luftschächte.
Kämme und zopfe das Gras,
bade die Steine,
zähle Katzensilberzähne.
Auf Glanzsuche aus sein,
wie der immergrüne Wald:
Der steckt sich jeden Stern an.

Regen

Der Wald ertrinkt im Regen,
was aufblüht, haltet ein
und stellet seine Schönheit
wieder in den Schrein.

Es hängen Glock und Blüte,
da komm noch ich daher,
vorbei an Bäumen, weinend,
am braunen Weg, so schwer.

Es quellen Harz und Wasser,
es füllt auch mir was ein –
was nicht an Treu gebunden –
gluckst, redet dann und wann…

Reichtum

Erleben ist mein Reichtum,
der Haselstrauch mein Haus,
so wie der Wald es richtet,
geh ich dort ein und aus.

Schon prallen Regentropfen
wild auf das Blätterdach,
grad brannten tausend Strahlen,
jetzt lieg ich müd und schwach.

Es kommt im Silberlicht des Mondes
mein Schatz zu mir aufs Moos,
er schwört und herzt und küsst mich,
dies ist mein wahrer Reichtum.

Der Hochstadel

Zittergras in den Augen.
Abgeflogenen Schwalben
hältst du deine Schultern nach.
Wölkchen setzen sich nieder,
pudern dir die Nase,
Sonne rötet deine Wangen.
Die grüne Drau erfrischt dich.
Weißbärtig bist du bei Schnee,
unheimlich bei Gewitter.
Und steinschlagend – wer da kommt.
Über den Loatersteig* hinauf,
bis auf deinen Kopf:
Menschen.

————

Loatersteig – Leitersteig

Sonne

Die Sonne tanzt mit ihren Strahlen,
ihr Gesicht wird breit beim Tanzen,
nicht zu schnell, nicht zu schnell,
ein Schritt vor, einer zur Seite,
zurück und wieder in den Kreis.
Sonnenschein, das ist ihr Preis.

Waldrand

Am Waldrand, wo sich der Wind wälzt,
er seine Unsichtbarkeit ausspielt,
und meine Zöpfe aufflechtet,
pflück ich meinen Glockenblumenstrauß.

Ein Stück weiter ist der Platz still,
als wären Jahre vergangen,
kein Grün, nur Braun und blasses Blau.

Zwei Nussbaumblätter

Wenn wir zwei Nussbaumblätter sind,
uns räkeln im Wind,
beregnen lassen,
die Sterne herlenken,
um die Nuss uns balgen
und jedes beten kann,
wie geschieht uns dann?

Abendrot

Das ist ein Reh, das ich schon lang im Wald
gebannt durch Nadelzweige seh.
Seine Ohren stehen wie Kamine.
Weiß es, was ich tu?
Ein Herz vernichten.
Es hat Augen bis zu mir,
über den deinen.

Meine Katze

Sie springt jede Nacht wie gewünscht,
Eisglocken die Schnurrhaare,
aufs Fenster meines Schreibzimmers.
„Erzähl, was hast du erlebt?", ich.
„Eher streichle ich dich nicht!"
Sie: „Du streichelst mich ja doch!"

Dichtung

Das kleine Gehöft meiner Dichtung.
Doch noch eine Kuh hat keine Kette.
Das dastehende Vieh verflucht – verliert.
Wer ist morgen nicht mehr? Fünf Romane.
Deshalb kehr ich nur noch Heu und Stroh.
Stell frisches Wasser. Setz Schwalben ein.
Schwindle, die Handflächen sind beschrieben.
Ich verhause, verkaufe. Den Mond auch.

Die Welt

Die Welt ist eine Zündholzschachtel,
die aus der Hand fällt.
Und jeder Kopf entzündet sich an ihr,
der Welt,
die aus der Hand fällt.

Tod

Haarböden, Absätze, Schultern,
Frisuren, Krägen, Profile.
Handtaschen, Schirme und Stöcke.
Der Tod weiß nicht,
wen nehmen, zuerst.
Mich!

Muttersterben

Greif schnell deine Hand
und dich geschultert.
Jetzt bist du mir hier
und jenseits zugleich.
Und bin ich auch dort –
dann sind wir reich.

Begräbnislied

Es ist finster, seit du fort bist,
jetzt ist jeder Weg gefährlich,
ob ich komm oder ausgeh,
ich häng mich bei den Zäunen ein.

Du hast mir als Mond geleuchtet,
schicktest Sterne mir in den Schlaf,
ich entferne jeden Vorhang,
häng die Winterfenster aus.

Du bist erst zwei Tage von mir,
möchte, aber kann nicht mehr,
deine Hand in meiner halten?
Ich schick Sonne dir ins Grab.

Die Heiligen Drei Könige

Die Heiligen Drei Könige
aus dem Dunkel, als könnten sie
mir die ganze Welt erhellen.

Sie kommen als Farbenflecken,
aus Lila, Orange und Gelb,
aus dem tiefen Schwarz, sie schnellen.

Und wachsen mir als Blumen zu,
ich zupfe und rupfe aus Nacht,
ich nehme mir ganz die grellen.

Da sind sie vorbei schon wieder,
ich seh mich vermischt – ich selber
und drüben die Hunde bellen.

Februar

Am kleinen Himmel durch die Glastür
drängeln Flocken wie Nadelspitzen.
Erlen, rostige Gewehre dröhnen.
Sie halten die Heimat im Lot.
Der Nebel, als Tiefflieger, stürzt ab.
Ich geh Tote retten, Schmuck finden.

Kartoffelfuhre

Die Kartoffelfuhre verliert,
ihr Duft macht mir heiße Tränen,
innerhalb des Waldes, hoffend,
lauf ich ihr nach ganz ungeniert.

Kartoffeln klaub ich auf vom Grund,
erzähl ihnen, ich bin im Krieg,
halte sie an meine Wange,
schiebe sie in meinen Mund.

Sie im Magen, ich in Trümmern,
bin ja noch nicht einmal die Zwölf –
so wer, zwischen den Kriegen,
will nicht sterben, muss mich kümmern.

Aphorismen

Jetzt und heute –
gleich, wer kommt.

*

Zurückhaltung ist –
unberührten Schnee
nicht zu betreten.

*

Politik ist –
keinen Höhepunkt
zum Tagespunkt
zu machen.

*

Unersättlich ist –
Kirschen zu essen,
bevor sie reif sind.

*

Erinnerung ist –
die Hochzeitsschuhe nicht mehr,
die Schachtel aber noch zu haben.

*

Die Liebe ist ein Bienenschwarm,
in den ich hineingreife.

Liebe ist –
Morgenstern und Abendstern.

*

Liebe, zwei Kugeln in der Mauer,
so tief, dass man nichts mehr kennt…

*

Auf Mutters Schoß hat jedes Kind
die Weltkugel in der Hand.

*

Kunst – die Geraubte, Entstaubte.

*

In den Sockenschaft
ein Muster hineinzustricken,
auch eine Kunst.

*

Ein Buch hat Schwimmflügel aus Ewigkeit.

*

Bücher sind Bäume. Sie rauschen.

*

Trachten stehen von alleine,
jede noch so neue Farbe
ist keine!

*

Heimat kann überall sein,
man muss sie nur als Heimat bezeichnen.

Ich,
nur ich und wieder ich,
will
Dich,
nur Dich
und wieder Dich!

*

Freunde sind der Stoff –
den man nicht ins Licht halten muss.

*

Sterne, winzig,
beleuchten groß unseren Heimweg.

*

Weihnachten
anziehen und ausziehen,
wie den Mantel.

*

Es gibt Menschen,
die beleuchten
selbst das Dunkel.

*

Zähl immer
deine Glücksmomente zusammen!

Es steht in deinem Willen –
ob du dich trotzdem freust.

*

Das Unglück klopft nicht an!

*

Der Mensch tritt sich Abkürzungen
zum Grab.

*

Erkenntnisse –
glühen wie Kirschen im Glas.

*

Wald
in mir,
suche mein Herz,
und ich suche dir deine
Sterne.

*

Äpfel
überladen
wie eine Barockkirche
der Baum
mit süßer
Verheißung.

Trauer ist Liebe.

*

Liebe ist ein Feuer,
das man schürt,
oder ausgehen lässt.

*

Dem Liebe nichts bedeutet,
der taucht und taucht und taucht.

*

Das Leben tropft oft nur.

*

Das Leben will fertig werden.

*

Dein Leben ist, oder ist nicht, entscheide!

*

Das Leben schießt in alle Richtungen.

*

Leben braucht jeden Moment.

Das Leben ist eine Saite,
schlage sie an,
du bist der Ton.

*

Das Leben ist ein Mühlenstein,
getragen von jedem allein.

*

Das Leben wird immer kürzer.

*

Geborene – sind schuldlos am Leben.

*

Das Leben wird später.

*

Erlaube keiner Uhr, deine Zeit einzuteilen.

*

Lange Ehen bestehen aus Zeit.

*

Bleib bei mir, wenn du gehst.

*

Sich über Wasser halten ist Privatsache.

Die beste Ausbildung ist der Schmerz.

*

Das Buch
wird durch jeden Leser anders.

*

Das Gedicht ist wie die Musikkapelle,
jedem Wort sein Instrument.

*

Krieg ist unterirdisch, sichtbar sind nur die Früchte.

*

Krieg ist die Spitze des Wettbewerbs.

*

Moral ist: Wasser von Weihwasser unterscheiden.

*

Rufmord ist Mord!

*

Jeder Baum hat seinen Friedhof.

*

Denke nie, was andere über dich denken.

Gehen lassen, wie es geht!

*

Ob anerkannt – oder aberkannt –
das Werk bleibt gleich.

*

Wer am Wegrand wächst,
muss zäh sein.

*

Es kommt nicht darauf an,
wer man gestern war.

*

Menschen sind Buntstifte.

*

Zweifel bringt Freiraum.

*

Ein Traum ist nie ausgeträumt,
man kann ihn fortsetzen.

*

Die Sonne sein, auch wenn sie nicht scheint.

Foto: Dina Marina

Gertraud Patterer wurde in Dölsach geboren, wo sie aufwuchs und bis heute lebt. Sie ist verheiratet und hat drei Kinder sowie drei Enkelkinder.

Bisher hat sie 24 Bücher geschrieben, darunter fünf Dialektromane:

„Der „Zoutnklauba"

„Die Annehmgitsche"

„A rantiges Dorf"

„Es flog eine Dohle"

„Moidl"

Die Erzählung „Die Percht" erschien in Hochsprache, außerdem mehrere Gedichtbände in Dialekt.

Für ihr literarisches Schaffen wurde Gertraud Patterer mehrfach ausgezeichnet, darunter mit:

„Rosegger Freundschaftskrug 1990"
Literaturpreis „Brachland" der Lienzer Wandzeitung 1990 und 1992 (zweiter Preis)
Rubatscherpreis 1991, 1993 (2. Preis)